L'ÉCOLE LIBRE

DES

SCIENCES POLITIQUES

Extrait du RAPPORT

PRÉSENTÉ A L'ASSEMBLÉE GÉNÉRALE DU 6 FÉVRIER 1879

PAR

M. E. BOUTMY, DIRECTEUR DE L'ÉCOLE

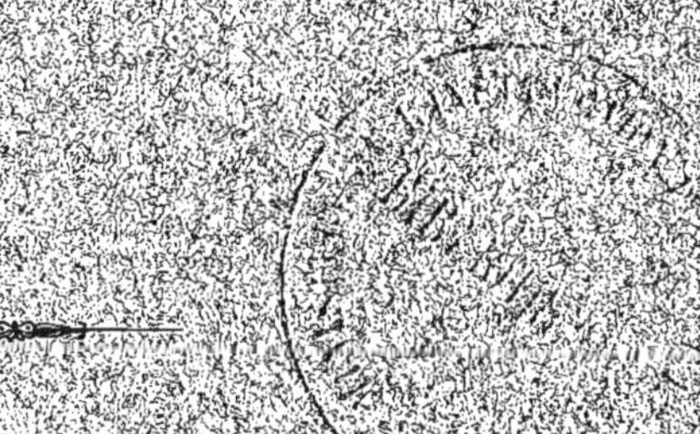

PARIS

TYPOGRAPHIE GEORGES CHAMEROT

19, RUE DES SAINTS-PÈRES, 19

1879

L'ÉCOLE LIBRE

DES

SCIENCES POLITIQUES

Extrait du **RAPPORT**

PRÉSENTÉ A L'ASSEMBLÉE GÉNÉRALE DU 6 FÉVRIER 1879

PAR

M. E. BOUTMY, DIRECTEUR DE L'ÉCOLE

PARIS

TYPOGRAPHIE GEORGES CHAMEROT

19, RUE DES SAINTS-PÈRES, 19

—

1879

[illegible]

[illegible]

[illegible]

[illegible]

[illegible]

Messieurs,

L'École des sciences politiques, fondée en 1871, vient d'entrer dans sa huitième année. Au moment où se termine, avec un succès qui dépasse toutes nos prévisions, ce premier septennat, vous nous permettrez de jeter un coup d'œil en arrière, de mesurer le chemin parcouru depuis notre point de départ et de marquer d'un trait nos principales étapes. Ce n'est pas pour le vain plaisir de nous louer nous-mêmes que nous faisons ce rapide retour sur un passé qui contient, d'ailleurs, sa part d'erreurs et de mécomptes. Notre but est d'extraire d'une expérience déjà longue les enseignements qu'elle contient, de discerner les causes de notre prospérité et de nous en emparer afin d'en faire les instruments de progrès nouveaux.

Dans une fondation comme la nôtre, le succès, même le plus décisif, n'a jamais constitué un droit au repos. On ne s'affermit dans une conquête que si on la dépasse, si on la reporte, pour ainsi dire, plus près du centre en reculant la frontière par de nouvelles annexions. Et puis, est-il possible, lorsque l'on se sent capable de produire quelque chose de puissant et hors de pair, de s'en tenir à ce qui est simplement bien? L'École, au prix d'un faible et dernier effort, peut devenir une institution unique en Europe, une véritable Universit des sciences d'État. Nous est-il permis, ayant cette foi et cet espoir, de nous en taire vis-à-vis de vous, de ne pas vous montrer comment le passé les justifie, de ne pas essayer de vous entraîner avec nous vers un but si élevé? Et pourrons-nous ne pas considérer ce but comme atteint, si nous y marchons tous d'un commun accord. Voilà, Messieurs, dans quels sentiments nous nous présentons aujourd'hui devant cette assemblée. Nos ambitions actuelles ne sont pas, à coup sûr, plus chimériques que celles qui vous furent communiquées il y a sept ans, et et que l'évènement a justifiées avec tant d'éclat.

Quelques-uns d'entre nous se souviennent sans doute des commencements de l'École. Je dis quelques-uns, car le 10 janvier 1872, lorsque s'ouvrirent les premiers cours, notre société n'était pas constituée et à peine une cinquantaine d'actions étaient-elles souscrites. Nos seules ressources étaient quelques milliers de francs recueillis par le directeur de l'École sous la forme de dotations de chaires et quelques avances faites généreusement par le Comité de fondation. Que de difficultés alors, que d'ombres sur notre chemin! Une indigence de moyens extraordinaire, une administration dont il avait fallu forcer la main, des bureaux prêts à prendre ombrage au moindre écart, une loi qui permettait de nous supprimer d'un jour à l'autre d'un trait de plume, un public à la fois curieux et défiant, les uns disant: « Vous n'échapperez pas à l'esprit de parti ; » les autres nous raillant d'entreprendre, avec de si faibles moyens, une œuvre que la toute-puissance de l'État n'avait pas réussi à faire vivre. Ajoutez enfin notre inexpérience, source d'incertitudes et d'hésitations sans nombre en ce domaine inexploré des sciences politiques. Pour lutter contre ces obstacles, nous n'avions que la justesse de notre idée générale, une conviction profonde, une grande ardeur de sacrifice, un immense besoin d'espérer comme on le rencontrait alors partout au lendemain de nos désastres, le sentiment que la France appauvrie n'en serait que plus généreuse envers les fondations destinées à recon-

stituer sa richesse morale et intellectuelle. On commença
donc, humblement d'abord et bien à l'aventure. Cinq chaires seulement figuraient au programme de l'année. Nous ne
nous rappelons pas sans quelque confusion les dénomina-
tions singulièrement vagues de ces enseignements ; chacun
embrassait une matière énorme, impossible à traiter en 100
leçons, à plus forte raison en 25. Nous avions dû tracer nos
cadres avant d'être en mesure de les remplir ; au professeur
revenait le soin d'y découper son sujet sans trop manquer
aux promesses du titre.

Le public voulut bien ne pas s'arrêter à ces défauts graves,
contre lesquels la critique et l'ironie étaient si faciles ; il
nous tint compte seulement de la justesse et de l'ampleur
de la perspective générale. Sa bienveillance nous aida à
supporter les misères des premiers jours. Les cours se fai-
saient alors dans une salle louée à l'heure. Les auditeurs,
quoique payants, avaient la physionomie de simples curieux.
La plupart écoutaient sans prendre des notes, et, à la vérité,
l'installation matérielle ne leur fournissait aucun moyen de
mieux faire. Le professeur était pour eux ce qu'il est dans
toutes nos Facultés, un personnage en habit noir qui apparaît
et disparaît derrière une chaire. Ils ne le connaissaient pas,
ne l'approchaient pas. Aucun échange familier d'idées ne se
faisait du maître aux élèves. Nous avions pris le nom d'École,
mais rien ne ressemblait moins à une école que ces cinq
cours qui étaient chacun d'une heure par semaine, duraient
cinq mois seulement et n'avaient entre eux ni lien apparent
ni lien profond. Ce titre, si parfaitement immérité, pour
lequel j'avais combattu trois mois avec une ténacité singulière, avait toutefois une grande importance : il nous distin-
guait, dès le principe, des séries de conférences qui se fon-
daient alors en grand nombre. Il marquait de notre part
la volonté de rejeter, à la première occasion favorable,
l'organisation défectueuse du début et de lui substituer un
ensemble cohérent, un système enchaîné et concerté, répon-

dant à un type défini de haute éducation. C'étaient un engagement et une promesse.

L'École, sous cette forme imparfaite, ne laissa pas d'attirer une affluence considérable. Ce résultat était dû principalement au mérite des professeurs. MM. Janet et Levasseur nous avaient apporté le prestige d'un talent éprouvé ; plus inattendu et peut-être plus efficace, à cause de l'étonnement qui s'y mêla, fut le succès de nos deux plus jeunes maîtres. C'est alors, en effet, que les premières leçons de M. Sorel excitèrent une émotion si vive dans le monde des diplomates, tout à la fois inquiet et charmé de voir les affaires les plus récentes et les plus délicates analysées avec tant de compétence et maniées d'une touche si hardie et si fine ; c'est alors que M. P. Leroy-Beaulieu acquit, du premier coup, comme professeur, l'autorité qu'il avait déjà comme publiciste dans les matières économiques et financières. Combien nous devons nous féliciter, Messieurs, de n'avoir été gênés, dans le choix de nos professeurs, par aucune condition de grade, de stage, d'agrégation et d'avoir pu nous adresser directement à la personne réputée ou pressentie la plus capable. C'est grâce à cette entière liberté que nous avons révélé à eux-mêmes et au public des hommes que leur position hors cadre condamnait à s'ignorer comme professeurs et à garder sans emploi un incomparable talent d'enseigner. Les œuvres libres n'auraient-elles d'autre avantage que d'être affranchies de la haute responsabilité et de l'universelle suspicion qui forcent l'État à exiger des garanties de capacité uniformes et minutieuses, elles rendraient encore un immense service en restituant à l'enseignement public les innombrables talents qui, engagés depuis longtemps dans d'autres voies, ne peuvent plus se plier aux épreuves réglementaires.

Quelque chose de l'intérêt excité par les premiers cours revient à la méthode excellente définie par les fondateurs dans leur brochure initiale, et pratiquée avec ensemble par les professeurs. Là était vraiment le lien de ces enseignements si différents par leurs sujets. L'impression fut profonde et nouvelle quand on vit nos jeunes maîtres aborder en historiens des matières aussi notoirement vouées aux abstractions que l'économie politique et les finances, et prouver que l'histoire contient ce qu'il y a de plus essentiel et de plus profitable dans la philosophie de toute science morale. Nous avons dû à cette méthode de conserver, dans les questions les plus complètement livrées à la controverse des partis, cette haute impartialité qui causa tant de surprise à nos détracteurs et qui a marqué définitivement notre place en dehors du forum. Depuis, nous avons été forcés de délaisser, en plus d'une occasion, la méthode historique pour le point de vue professionnel. Mais cette méthode n'en avait pas moins servi à caractériser, dès le début, l'esprit de notre fondation. Elle avait communiqué à l'enseignement cette sérénité scientifique, ce dégoût des conclusions tranchantes, cet art de nuancer la vérité qui ont rendu l'École hospitalière à tous les hommes consciencieux et de bonne foi et qui ont fait taire, en moins d'un an, les soupçons pusillanimes et les prédictions ironiques.

Ces parties excellentes et le succès qu'elles obtinrent servirent d'appât et de gage à notre premier capital qui, à peine ébauché au commencement de 1872, fut complété moins de cinq mois après l'ouverture des cours. Le 10 juillet de la même année, notre Société anonyme fut constituée et l'École, mise en possession d'un fonds considérable, se trouva en mesure d'aborder plus hardiment et plus librement les problèmes qui lui étaient posés. Elle ne perdit pas un jour. Dès la fin de juillet, un plan complet, embrassant les plus pressantes des modifications suggérées par l'expérience, était soumis au Conseil, discuté, approuvé dans ses grands traits, et dès le début de l'exercice suivant, — l'École, une véritable École, cette fois — s'installait rue Taranne, dans un local approprié à son organisation nouvelle.

Il est souvent malaisé d'échapper aux illusions complai-

santes du succès et de signaler avec assurance les vices se-
crets d'une œuvre acclamée de toutes parts; nous eûmes
cette bonne fortune. C'est que, dès le principe, nous ne nous
étions pas dissimulé l'insuffisance et la fragilité de notre
organisation première : si nous l'avions inaugurée telle qu'on
la voyait, c'est que l'intérêt du moment était de faire une
grande démonstration publique et d'agir sur les esprits par
ce qui les saisit immédiatement et fortement : la simplicité
du plan et la largeur des horizons. Mais, ce premier but atteint,
les nécessités changeaient; il importait maintenant de nous
établir solidement sur certains points bien choisis, d'organiser notre conquête et de faire sentir notre puissance et notre
prise sur les choses au public que nous n'avions su jusque-là
qu'étonner et surprendre. Les insuffisances du plan primitif
étaient de deux natures. Premièrement ces cours à vaste
programme faits du haut de la chaire, étaient impuissants à
communiquer toute une partie de la science, celle qui se
compose d'analyses de détail. Même dans les parties d'un
caractère plus général, ce mode d'enseignement ne livre que les
derniers résultats. Il laisse dans l'ombre la méthode suivie par
le professeur ou par les savants dont il expose la doctrine, leurs
procédés de travail et de recherche, leurs règles de critique.
L'élève est transporté tout d'abord au point d'arrivée, il ne
connaît rien de la route parcourue. Il n'est capable ni de la
parcourir à son tour, ni de prendre exemple de ce qu'il a vu
faire pour trouver sa voie dans des études du même genre.
En second lieu, nous avions la conviction que ces cours généraux, s'ils continuaient à n'être qu'un complément, une
sorte de couronnement de l'éducation libérale, sans répondre
aux nécessités pratiques d'aucune carrière, réuniraient dif-
ficilement des auditoires nombreux et fidèles. Une longue
habitude, justifiée en partie par la médiocrité des fortunes,
pousse les familles et la jeunesse elle-même à abréger de
plus en plus l'intervalle qui sépare la fin des études de collège
du commencement de la vie pratique. Une École qui ferait

profession de prendre au jeune homme deux années de plus pour la haute culture de son esprit, sans l'avancer d'un pas vers le seuil de sa carrière, serait bientôt délaissée. Nous n'entendions pas renoncer aux visées supérieures en dehors desquelles notre œuvre eût été pour nous sans intérêt et sans noblesse. Mais force nous était de prendre un second point d'appui sur un sentiment plus stable et plus général que la curiosité scientifique.

Ces deux ordres de considérations dictèrent les articles de l'organisation nouvelle. D'une part, le nombre des chaires fut augmenté, la matière de chacune fut limitée et mieux définie. A chaque cours fut annexée une conférence destinée à le compléter et à permettre aux professeurs des allures plus libres, en l'allégeant de cette sorte de détails qui s'enseignent mal du haut de la chaire. Nous concevions les conférences comme des cours sans apparat, où le maître et les élèves, réunis autour d'une même table, manient ensemble les documents, — un budget, un recueil d'instruments diplomatiques, une statistique spéciale, — commentent les textes, interprètent les chiffres, puis se communiquent leurs objections ou leurs doutes et les résolvent d'un commun effort. Les conférences étaient faites par les professeurs des chaires correspondantes; elles n'avaient alors à aucun degré le caractère de préparation professionnelle que nous avons été amenés à leur imprimer plus tard. Leur objet, non moins élevé que celui des cours était d'exercer l'esprit, de cultiver certaines aptitudes que l'enseignement *ex cathedra* laisse inactives, d'ouvrir aux élèves l'accès des sources et de leur apprendre à y puiser sous la conduite du maître.

Une bibliothèque, bien pauvre encore, mais destinée à s'accroître rapidement, une salle de lecture pourvue des principales Revues de la France et de l'étranger, des salles de travail complétaient le système : elles devaient attirer et retenir les jeunes gens, leur fournir d'excellents moyens d'information, les garder à la portée de nos conseils et de notre influence, les rapprocher les uns des autres et créer enfin cette chose précieuse et puissante qu'on appelle un *esprit de corps*. Une École n'est véritablement fondée que si chaque génération qui s'y forme emporte, lorsqu'elle s'engage dans le monde, un sentiment confraternel et filial qui la tient unie à ses aînées comme à ses cadettes et qui la ramène avec un souvenir ému vers le lieu où elle a reçu les premières révélations de la vraie science, pris possession de ses aptitudes et contracté de durables amitiés.

La seconde modification introduite dans notre organisation avait un objet plus pratique. Le programme des chaires fut légèrement remanié; on porta davantage la lumière et le relief sur les parties qui répondaient aux exigences des différents examens d'État. On accentua d'une manière plus générale l'adaptation de notre enseignement aux nécessités d'un certain nombre de carrières de haut vol, en répartissant les cours en deux sections : section administrative et financière, section diplomatique. Plusieurs de nos amis s'alarmèrent de ces changements; ils craignaient que l'enseignement ne perdît, par la préoccupation de l'examen, la liberté de ses allures et qu'il ne déchût de la hauteur où nous l'avions placé d'abord. Ils reconnaissaient que les nouveautés dont ils redoutaient l'influence avaient été introduites avec beaucoup de discrétion et une grande légèreté de main; mais ils pressentaient que nous serions forcés, par degrés, de leur moins mesurer l'espace et d'en faire à la fin la partie substantielle et dominante, le centre de gravité de notre organisation. Ils ne se trompaient pas tout à fait. Dès l'année suivante et jusqu'à la présente année, nous dûmes successivement convertir plusieurs des conférences en véritables enseignements professionnels et les retirer aux professeurs des cours pour les confier à des hommes plus spéciaux, je dirai presque à des hommes du métier, engagés dans chaque carrière et la connaissant à fond. Toutefois, cette transformation n'eut pas, à l'usage, les conséquences funestes qu'on en appréhendait. Nous

fûmes amenés à reconnaître que le voisinage d'une conférence portant sur les détails de l'application exerce une
influence salutaire sur le cours supérieur auquel elle se rat-
tache. Par là ce cours est perpétuellement maintenu ou ramené
à mi-hauteur; un contre-poids toujours en action l'empêche
de céder aux doctrines téméraires qui l'emporteraient s'il
était seul; une vérification pratique immédiate réfute, sans
effort, les thèses inconsidérées. La vérité est que tout se
tient, s'enchaîne et se complète dans l'homme et qu'on ne le
sépare pas en deux sans dommage. Si nos cours généraux,
par crainte de mésallier leur idéologie, s'étaient privés des
corrections et des contre-épreuves précieuses que la pratique
apporte à la doctrine; si, au lieu de se proposer de satisfaire
également les goûts désintéressés et les besoins positifs de
notre jeunesse, ils avaient fait profession de ne s'occuper que
de la science pure, quelque chose leur eût manqué, même
aux yeux et dans l'intérêt des futurs savants, et ils auraient
fini par ne plus convenir qu'à des amateurs et des dilettantes.
La science pure isolée de l'application est comme une nour-
riture raffinée et succulente à l'excès; à la longue, elle en-
gendre, non plus la force, mais l'affadissement et le caprice;
il faut y mêler des aliments plus grossiers et moins savou-
reux, si l'on veut préserver l'estomac de la fatigue et du dégoût. Cette vérité profonde ne pouvait pas être devinée; elle
est contraire aux apparences et à la tradition. C'est l'expérience qui l'a établie pour nous d'une manière indiscutable.

La nouvelle organisation commença à donner, dès 1873,
les résultats que nous en avions attendus. Le nombre des
élèves se maintint et augmenta même légèrement, quoique
le prix des inscriptions eût été plus que doublé. Ils devinrent
plus assidus, se mirent en rapport les uns avec les autres,
connurent et fréquentèrent leurs professeurs. Un sentiment
collectif, qui devait un peu plus tard amener la fondation
d'une Société des anciens élèves, se fit jour par degrés. Les
années qui ont suivi ont complété ces excellents résultats;

elles nous ont donné l'ampleur, l'éclat, la solidité qui nous manquaient encore. Mais, au fond, elles n'ont pas sensiblement modifié la constitution de notre œuvre, et aucune n'a surpassé 1873 pour le nombre des talents et le merveilleux entrain de l'enseignement. Dans ces cours nouveaux, en effet, la nécessité de tout créer communiquait à l'esprit une ardeur extraordinaire. Il arpentait largement un domaine où il entrait le premier. Il semblait que, dans ces terres vierges, le sol fût plus fécond, la semence plus vivace, le semeur plus prodigue. C'est pendant cette seconde année que l'École s'agrégea M. Dareste, aujourd'hui membre de l'Institut et conseiller à la Cour de cassation ; M. Demongeot qui devait, sitôt après, nous être enlevé par la mort ; M. Alix, dont le cours, inauguré l'année suivante, s'est continué depuis avec un succès toujours croissant ; M. Ribot, qui nous est revenu l'année dernière après quatre années passées dans de hautes fonctions publiques et qui nous restera l'année prochaine, nous voulons l'espérer, si les circonstances ne lui imposent pas une charge plus lourde que le mandat de député. Si vous voulez bien vous souvenir que ces nouveaux venus trouvaient à l'École MM. Paul Janet, Levasseur, Gaidoz, Sorel, Leroy-Beaulieu, Dunoyer qui les y avaient précédés, on conviendra que jamais institution d'enseignement n'a présenté, dès la deuxième année de son existence, une pareille réunion de maîtres éminents. Aussi cette période de 1872-73, malgré bien des insuffisances, non du professorat, mais de l'organisation, doit-elle être comptée parmi les plus brillantes de notre passé. Depuis, nous avons fait mieux ; nous ferons mieux encore : nos voies sont plus sûres, nos horizons sont plus étendus, nous avons acquis une maturité et une autorité que nous n'avions pas. Mais alors c'était la sève, l'élan, l'ardeur infatigable ; c'étaient ces dons et ce charme de jeunesse dont il n'est donné à personne de jouir plus d'une fois.

Nous avons peu de chose à dire des années subséquentes. L'organisation de 1873 fut conservée ; seulement la préparation professionnelle prit de jour en jour plus d'ampleur. Des enseignements nouveaux furent créés à son profit ; elle s'empara, comme je l'ai dit, d'une partie des conférences ; elle eut ses maîtres à elle. Deux comités de perfectionnement, composés de personnes haut placées dans les deux groupes de carrières correspondant aux sections, furent chargés de donner leur avis sur toutes les modifications à introduire dans le programme. Nous donnâmes les mains à ces développements, vers lesquels nous poussait le public ; mais nous ne voulûmes pas qu'ils fussent une dépossession des cours supérieurs et nous maintînmes avec fermeté l'obligation pour tout élève demandant à suivre une conférence professionnelle, de s'inscrire conjointement au cours correspondant. Cela suffisait pour garantir provisoirement la partie savante de notre enseignement ; mais nous nous réservions, le moment venu, de faire mieux que la garantir : nous méditions de la développer à son tour avec la même largeur que la partie pratique. C'est le sujet dont j'aurai à vous entretenir dans un instant.

Nous ne pouvons mieux résumer et compléter ce qui précède qu'en mettant sous vos yeux le tableau de tous les cours successivement créés, maintenus et supprimés à l'École, année par année.

En 1871-72 sont ouverts :

    Les cours de géographie et d'ethnographie ;
        —   d'histoire diplomatique ;
        —   d'histoire des doctrines économiques depuis Adam Smith ;
    Les cours d'histoire des finances ;
        —   d'histoire des théories de réforme sociale.

En 1872-73, sont ajoutés aux cours précédents :

    L'histoire des institutions militaires ;

La législation criminelle comparée;

La statistique;

L'organisation administrative en France et à l'étranger.

L'histoire diplomatique et le cours de finances sont étendus à deux années.

L'histoire des doctrines économiques est remplacée par un cours ordinaire d'économie politique.

En 1873-74 :

Le cours de droit administratif est doublé; il se partage entre un professeur (1) et un maître de conférences.

Une conférence confiée à un inspecteur des Finances est annexée au cours général sur l'organisation financière.

La législation industrielle et commerciale, les traités de commerce depuis 1786, donnent lieu à la création d'une nouvelle chaire.

Enfin le droit des gens et le droit constitutionnel comparé apparaissent pour la première fois; chacun n'occupe pas moins d'un cours et d'une conférence.

(1) Cette chaire qui était celle du très-regretté M. Demongeot est occupée avec une grande distinction par M. Flourens, aujourd'hui commissaire du Gouvernement près le Tribunal des conflits.

Les autres enseignements ne sont pas moins honorablement représentés. Les cours de législation commerciale comparée et de droit international résultant des traités sont confiés à des hommes d'une valeur incontestée : MM. Lyon-Caen et Renault, de la Faculté de Droit. Le droit des gens proprement dit est échu à M. Funck-Brentano qui y déploie ses qualités de philosophe et d'historien. La législation civile comparée a été partagée entre MM. Glasson et Flach qui traitent cette intéressante matière avec des mérites différents et un égal succès. La géographie économique et l'histoire des traités de 1648 à 1789 sont enseignées par M. Pigeonneau, efficacement assisté dans la seconde de ces tâches par un jeune professeur de grande espérance, M. de Ferrari. A MM. Machart, inspecteur des Finances, Colmet-Daage, conseiller-maître à la Cour des Comptes, de Foville, chef du bureau de statistique au Ministère des Finances, ont été confiées les trois conférences pour lesquelles les désignaient une longue pratique et une haute compétence.

En 1874-75, sont introduits au programme :

1° La législation civile comparée divisée en deux parties : le droit de famille, le droit de propriété ;

2° La géographie économique ;

3° Le droit international résultant des traités. Cet enseignement embrasse toutes les règles de droit des gens qui sont fondées sur un texte précis, convention ou loi.

1875-76 ne voit naître que le cours de législation commerciale comparée.

La même année, la conférence de droit administratif est augmentée d'une leçon par semaine ; deux ans après elle sera érigée en cours.

En 1877-78, nous rencontrons un cours d'histoire parlementaire et législative de la France.

La même année, la conférence d'histoire diplomatique de 1648 à 1789 est érigée en cours et doublée d'une conférence où sont commentés plus spécialement les traités afférents à cette période.

En 1878-79, sont créées des conférences :

Sur le développement historique du droit des gens d'après les auteurs qui ont traité de cette matière.

Sur la comptabilité publique au point de vue du contrôle de la Cour des Comptes.

Sur le régime douanier de la France et les transformations de son système commercial.

Les deux cours de droit administratif sont étendus sur deux années.

Le cours d'histoire du développement des doctrines économiques est restauré à la place du cours d'économie politique.

Dans l'intervalle :

Deux chaires ont disparu, par manque de place ou à défaut d'un homme spécialement compétent. Ce sont :
La chaire de législation criminelle comparée;
Et la chaire sur les institutions militaires (1).

Nous avons tenu à mettre sous vos yeux ce tableau des cours successivement créés, afin de vous rendre sensible la manière lente, prudente, sagement progressive, dont notre programme s'est développé. Nous ne pouvons pas dire que ces accroissements aient suivi une marche méthodique. Suivant que nous avions ou non sous la main l'homme spécial et capable, il nous est arrivé de créer un cours ou, au contraire, de l'ajourner quoique l'opportunité en fût pressante. Nous avons tenu compte de la direction des esprits et des exigences du public, autant que de l'harmonie intérieure du programme. Enfin nous n'avons consenti à dépasser que par exception et en cas de nécessité urgente, les limites que la prudence assignait à notre budget. Procéder autrement, se donner la satisfaction de tracer et d'appliquer dès la première heure un programme sans lacunes, c'eût été s'exposer à compromettre des enseignements excellents, soit par l'insuffisance du professeur, soit par le trop petit nombre des élèves, et à jeter l'École dans des embarras financiers qui auraient épuisé ses forces avant la survenance de hasards favorables.

(1) Des conférences libres ou des cours libres du colonel Usquin, du général Favé, de M. Lahaussois, de M. le capitaine Niox, de M. Camille Rousset, ont tenu lieu, dans une certaine mesure, de la seconde de ces chaires dont l'importance ne saurait être méconnue. La première est d'une convenance moins bien justifiée dans une École des Sciences politiques. Elle appartient plutôt aux Facultés de Droit.

Nous ne nous départirons pas, par la suite, de ces règles de circonspection dont nous avons éprouvé le bon effet.

Il me reste, Messieurs, à mettre en regard de ce compte rendu de nos efforts le tableau des résultats obtenus. Je ne m'arrêterai pas à ce qui ne peut pas être justifié par des chiffres. Vous connaissez, d'ailleurs, sans qu'il y ait lieu de vous le rappeler, le rang élevé que l'École occupe dans l'estime publique en France et à l'étranger, les institutions du même genre créées à son image en Italie et en Amérique, les nombreuses distinctions qui ont été accordées à ses professeurs (quatre ont été décorés et deux nommés membres de l'Institut depuis sa fondation), les éloges qui lui ont été décernés à plusieurs reprises à la tribune parlementaire et à l'Académie des sciences morales, enfin l'honneur qui lui a été fait récemment par la désignation de son directeur comme l'un des six jurés titulaires français de la section d'enseignement supérieur à l'Exposition universelle. Ces résultats sont expliqués et confirmés par la double statistique où sont consignés annuellement le chiffre de nos inscriptions et le nombre des admissions dans les examens et concours auxquels l'École prépare.

Depuis l'origine, le chiffre des inscriptions présente les variations suivantes :

Première année.	89
Deuxième année.	92
Troisième année.	96
Quatrième année.	150
Cinquième année.	131
Sixième année.	191
Septième année.	178
Huitième année.	222

Indépendamment de l'augmentation du chiffre brut, les inscriptions donnent lieu aux deux remarques suivantes :

premièrement, le nombre des inscriptions totales et générales, c'est-à-dire des inscriptions à l'ensemble de nos cours,
n'a pas cessé de monter d'année en année ; il s'élève en 1879
à 81. Secondement, les élèves prennent de plus en plus l'habitude de s'inscrire d'emblée pour toute l'année et non plus
seulement à l'essai pour un semestre ; ils témoignent ainsi
du crédit que l'enseignement de l'École a acquis auprès du
public. Cette année, par exemple, les inscriptions à l'année,
dans les catégories où elles sont admises (partielles et spéciales), sont de 93 sur un total de 133 inscriptions.

Le premier de ces faits a une action très notable sur le
chiffre des recettes, le taux de l'inscription totale étant assez
élevé. La marche ascendante suivie depuis l'origine par le revenu provenant des élèves et auditeurs est sensible dans le
tableau suivant :

1871-1872	4,445 fr.	»
1872-1873	10,121	65
1873-1874	10,268	40
1874-1875	15,981	»
1875-1876	17,577	50
1876-1877	24,255	»
1877-1878 . . . . —	21,762	»
1878-1879 . . . . environ	30,000	»

Quant aux succès obtenus dans les concours et examens,
ils ont été résumés dans un tableau que vous connaissez déjà
et que nous ne ferons que reproduire avec la seule addition
afférente à la présente année :

CONSEIL D'ÉTAT.

Concours de 1876. — Sur 6 candidats reçus, 4 appartiennent à l'École.

Id.   de 1877. — Sur 6 candidats reçus, 5, dont les 4 premiers, appartiennent à l'École.

Id.   de 1878. — Sur 6 candidats reçus, les 5 premiers appartiennent à l'École.

INSPECTION DES FINANCES.

Concours de 1876. — Sur 6 candidats reçus, les 4 premiers appartiennent à l'École.

Id.   de 1877. — Sur 6 candidats reçus, les 4 premiers appartiennent à l'École.

Id.   de 1878. — 6 candidats reçus, tous les 6 appartiennent à l'École.

MINISTÈRE DES AFFAIRES ÉTRANGÈRES.

Examen consulaire, le seul qui existât en 1876. { Sur 6 candidats reçus, 4 appartiennent à l'École.

Nouvelle organisation aux termes du décret du 18 juillet 1877. { Examen diplomatique. — Un seul stagiaire appartenait à l'École. Il est sorti le premier. Examen consulaire. — Un seul stagiaire appartenait à l'École. Il est sorti le premier.

II

Vous connaissez, Messieurs, la situation actuelle et ses antécédents; il nous reste à vous parler de l'avenir. Certes, les résultats acquis sont considérables; mais il y aurait quelque humilité et aussi quelque péril à nous en contenter. La croissance de l'École a été vigoureuse et rapide; mais elle s'est faite inégalement, comme celle d'un arbre qui ne reçoit le soleil et l'air que d'un côté. Il importe que le côté de l'ombre connaisse à son tour la lumière, et qu'il donne du feuillage et des fruits. La période des efforts et des soins est donc loin d'être achevée. Une seconde tâche s'impose à nous, non moins laborieuse que la première; et à laquelle sont étroitement liées la force, la durée, la dignité de notre OEuvre. Nous essaierons de la définir en peu de mots.

Si nous examinons de près les nombreuses additions qui ont été faites depuis sept ans au programme des cours, vous reconnaîtrez qu'elles ont presque toutes profité à la partie de l'enseignement qui sert de préparation aux carrières administratives, financières et diplomatiques. Cette partie est aujourd'hui si bien pourvue qu'il est impossible de concevoir ce qu'on pourrait y ajouter utilement. Son efficacité dans tous les concours a été établie par des expériences répétées et elle jouit dès à présent d'un véritable monopole, fondé sur le libre choix et les préférences du public. Personne ne dispute plus à l'École l'honneur de présenter des candidats au Conseil d'État, à l'Inspection des Finances, à la Cour des Comptes. Grâce à elle, d'un aveu unanime, le niveau des examens placés à l'entrée de ces carrières a été sensiblement relevé depuis quatre ans. C'est le fruit d'une préparation qui a toujours visé plus haut que le programme des épreuves et qui n'a fait des candidats heureux qu'en se proposant de faire des hommes capables.

L'École doit-elle se contenter de cette mission modeste et utile? Le peut-elle sans déchoir? Le peut-elle sans se rendre moins capable à la longue de remplir cette mission même? Nous ne le croyons pas. Nous avons montré que les enseignements qui roulent sur l'application et la pratique sont d'un voisinage bienfaisant pour les cours d'exposition générale. Réciproquement, ces cours exercent l'action la plus salutaire sur les études techniques et professionnelles ; les idées qu'ils éveillent entretiennent chez les jeunes gens voués à ces études l'esprit d'examen et de progrès, et les empêche de tomber sous le joug d'un formulaire dont la raison première et le vrai sens s'effaceraient bien vite, sans un retour répété aux principes et aux vues qui ont à l'origine dicté ces règles. Au reste, la partie professionnelle de notre enseignement n'eût-elle pas besoin de cette extension des cours supérieurs pour conserver son excellence, nous aurions encore quelque peine à enchaîner nos pensées d'avenir à ce type subalterne, et à ne pas concevoir notre OEuvre sous la forme plus noble d'une Université des Sciences d'État. Actuellement, cinq ou six chaires seulement représentent la partie désintéressée et purement savante de nos études. Or, douze ou quinze chaires ne sont pas trop pour que toutes les parties fondamentales et entièrement développées de l'encyclopédie des connaissances politiques obtiennent le rang et l'espace qui leur sont dus. Une moindre ampleur ne permettrait pas de créer cette large atmosphère de liberté scientifique, ce milieu stimulant et suggestif qui peut seul engendrer les grandes vues et les ambitions élevées de l'esprit.

C'est à l'histoire, à la statistique, à la législation comparée qu'il appartient de donner le ton à ces nouveaux enseignements. Ce qu'elles y peuvent introduire d'originalité, de vigueur et de fécondité, l'École a pu en juger par plus d'un essai. Quelle différence d'intérêt et de portée, par exemple, entre un cours d'économie politique qui procède par définitions et par théorèmes et un enseignement qui fait voir comment les idées maîtresses de cette science naissent l'une après l'autre dans des milieux sociaux qui les suscitent, les expliquent, et qu'elles contribuent ensuite à modifier! Quelle distance entre un cours de législation qui se borne à commenter le texte des lois successives et à exposer le dernier état du droit et un enseignement qui, encadrant chaque loi dans l'histoire politique et parlementaire du temps où elle s'est produite, lui rend sa couleur native et fait ressortir sa signification vraie!

L'École, qui a eu l'honneur d'être la première à introduire ces points de vue et cette méthode dans l'enseignement de la politique et du droit, n'aura garde d'y renoncer dans l'organisation plus compréhensive qu'elle prépare, et il est clair qu'une immense et salutaire influence peut s'exercer de là sur la direction générale des esprits.

Ce développement général du programme, réparation due aux études supérieures, est indispensable pour remettre l'École à son rang ; c'est aussi un retour à la pensée première, si haute et si désintéressée, qui inspirait les fondateurs. Cela épuise-t-il ce qui reste à faire? Non, sans doute. L'ensemble même le plus complet de ces enseignements fondamentaux qui roulent sur des vérités acquises, sur des sujets pleinement connus et approfondis et par là devenus classiques, ne suffit pas pour éveiller et former les jeunes esprits; j'ajoute que ces enseignements finiraient eux aussi par languir et perdre leur vertu, s'ils n'avaient pas auprès d'eux un milieu plus agité d'où leur arrivent de vives et nouvelles impulsions. Ils ont besoin, pour conserver leur efficacité, de se rajeunir incessamment au contact de ces autres sujets où la recherche, la découverte, le combat se continuent encore, où la création et l'enseignement marchent, pour ainsi dire, de pair; où le professeur, s'emparant d'un sujet limité qui n'appartient pas encore à la science faite, le creuse en présence de ses élèves, leur montre par quel côté on aborde un travail original, par quels tâtonnements on s'y oriente et par quelles voies doit être conduite une analyse sérieuse ; où, les introduisant à sa suite dans l'atelier même de la science qu'il cultive, il leur en dévoile les procédés et la méthode, les difficultés et l'attrait ; où il fait d'eux successivement des apprentis, puis des compagnons, destinés à devenir des maîtres et à continuer seuls les travaux commencés sous sa direction. Ce sont des enseignements de cette nature qui, sous le nom si vanté de *privat-docentisme*, ou sous la forme de cours faits *privatim* et *privatissime* par les professeurs ordinaires, ou encore dans l'enceinte de ces sortes d'écoles spéciales appelées *séminaires*, composent plus de la moitié du programme des Universités d'outre-Rhin. Ils sont l'âme de l'instruction supérieure en Allemagne. Plus personnels, ils ont une chaleur qui manque aux autres ; plus restreints dans leur sujet, il leur arrive de suggérer à l'esprit des conceptions et des vues bien autrement étendues que ne sauraient faire les études générales et de surface ; car, de même que le mineur qui fore un puits met parfois à nu des veines transversales dont la nature et le volume lui révèlent la géologie de toute la région, de même, de ce travail à l'étroit et pour ainsi dire vertical, l'esprit remonte souvent avec des indices et des divinations d'une portée inattendue. On voit sans peine l'immense intérêt de ces enseignements pour l'éducation de l'esprit. Aucune limite de nombre ne leur est assignée ; car ils suivent le mouvement même de la science et s'étendent avec elles ; ils naissent spontanément dès que des recherches sur un sujet ont commencé à se grouper et à prendre une certaine consistance. Diversifiés à l'infini, ils ont nécessairement des prises innombrables sur la curiosité du jeune homme, des chances multipliées de se rencontrer avec ses goûts, de trouver et de presser le ressort caché de ses aptitudes. La puissance et l'avenir de l'instruction supérieure dans un pays se mesurent à la vigueur de leur expansion. Voilà pourquoi nous ne croirons pas que l'École soit ce qu'elle doit être ni qu'elle justifie son titre d'institution de haut enseignement, tant qu'elle ne leur aura pas largement ouvert accès de ses programmes, et qu'ils ne se seront pas développés abondamment, à côté de ses cours réguliers.

Chose singulière, toute cette partie si essentielle de l'instruction supérieure est absolument inconnue en France : les institutions, les habitudes, tout la repousse et l'exclut.

Les Facultés de l'État, gênées par la fixité de leur cadre, le respect de leurs traditions, les exigences des examens professionnels qui leur sont confiés, par l'uniformité des garanties de capacité qu'elles sont forcées d'exiger de leurs professeurs, par la nécessité de mettre les deux Chambres en mouvement pour toute application budgétaire nouvelle, sont peu propres à accueillir largement ces parties récemment développées de la science. La mission propre des Facultés est de conserver à un niveau élevé les branches plus anciennes et devenues classiques. Au contraire, l'École des Sciences politiques, exempte du souci de rester fidèle aux précédents (elle est trop jeune pour en avoir) et de compter avec une autorité supérieure (elle ne dépend que d'elle-même), maîtresse d'un programme qu'elle peut étendre ou resserrer d'une année à l'autre sans créer de droits acquis qui la gênent et sans avoir à obtenir toute une série de consentements administratifs et parlementaires, libre de s'adresser en toute occasion à l'homme spécialement capable, sans exiger de lui des grades qu'il peut avoir négligé d'acquérir en temps utile, est admirablement placée pour organiser rapidement et puissamment son privat-docentisme.

Des ressources considérables sont nécessaires pour opérer un développement de cette ampleur. Le moyen le plus convenable de les réunir paraît être de provoquer, en faveur des enseignements déjà existants et éprouvés, des libéralités qui nous permettront de dégager et d'appliquer à de nouveaux objets les crédits qu'ils absorbent. Les dotations de chaire sont une forme excellente, très usitée en Angleterre et en Amérique : nombre de cours d'Oxford et de Cambridge n'ont pas d'autre origine. La diversité des conditions qui ont été adoptées, selon le temps et les besoins, pour les différentes parties de notre enseignement, nous a permis d'établir une sorte d'échelle qui répond à l'infinie variété des circonstances où peuvent se trouver les donateurs et des intentions qu'ils peuvent avoir. Voici, à ce sujet, la résolution délibérée au Conseil :

« Il est institué vingt-trois dotations de chaires correspondant aux enseignements suivants :

2 chaires.	Cours et Conférences annuels.	Histoire diplomatique....	3 750 fr.
		Matières administratives.	3 750
2 chaires.	Cours annuel.	Organisation administrative................	2 500
		Organisation financière...	2 500
1 chaire.	Conférence annuelle.	Régime financier.	2 000
10 chaires.	Cours biennaux.	Statistique..............	1 250
		Géographie et ethnographie.	1 250
		Droit constitutionnel.....	1 250
		Législation civile comparée	1 250
		Législation commerciale comparée.	1 250
		Économie politique......	1 250
		Droit des gens..........	1 250
		Droit international.......	1 250
		Histoire constitutionnelle de la France.	1 250
		Histoire diplomatique de 1648 à 1789....	1 250
1 chaire.	Conférence annuelle.	Cour des Comptes.......	1 250
5 chaires.	Conférences biennales.	Droit des Gens..........	625
		Droit international résultant des traités........	625
		Organisation judiciaire comparée...............	625
		Géographie économique..	625
		Droit constitutionnel.....	625
2 chaires.	De Langues.	Anglais.	750
		Allemand.	750
23 chaires.			32 875 fr.

« Deux personnes pourront se réunir pour doter une chaire. La chaire porte le nom du ou des donateurs.

« Les donateurs feront, de droit, partie du conseil de perfectionnement de la section à laquelle leur chaire appartient. »

Nous recommandons, Messieurs, ce tableau à vos méditations. Il sera imprimé séparément, afin que vous puissiez le communiquer et le répandre. D'un autre côté, l'accroissement du nombre des chaires, la multiplication des occasions et des instruments de travail entraînent la nécessité d'une installation nouvelle. Une seule salle de cours ne répond plus aux besoins de l'organisation qui vient d'être décrite. Une bibliothèque et des collections en rapport avec la variété et l'intensité accrues des études exigent un local d'une dimension plus que double. Peut-être aussi l'École doit-elle aux apparences et à sa haute renommée de ne pas conserver trop longtemps un établissement précaire, qui est une contradiction ouverte de ses espérances légitimes et une menace pour ses plans d'avenir. La construction d'un hôtel aménagé selon nos convenances s'impose donc à nous ; un peu plus tôt, un peu plus tard, il y faudra venir. Assurément l'École manquerait aux règles de prudence qu'elle s'est faites, si elle appliquait à la construction d'un immeuble une partie notable des fonds dont le revenu assure son équilibre budgétaire. L'espérance d'une donation, si justifiée qu'elle soit par ce qui s'est passé en 1876, doit rester étrangère aux calculs positifs sur lesquels se fondent nos résolutions. Mais cette magnifique libéralité que nous venons de rappeler nous autorise du moins à ne pas repousser l'idée qu'il se puisse rencontrer quelqu'un qui se charge de faire pour l'École, acceptée comme locataire, la construction dont elle a besoin. Hâtons-nous d'ajouter que nous ne concevons cette opération que dans les mains d'un ami qui l'entreprendrait avec la volonté de se contenter d'un intérêt strictement rémunérateur et qui reporterait en réductions sur le chiffre de notre loyer une partie des avantages pouvant résulter de la combinaison. Serait-il si extraordinaire qu'il se trouvât, parmi ceux qui ont été les témoins de nos efforts et de nos succès, une ou plusieurs personnes riches disposées à nous seconder en ne sacrifiant de l'intérêt du capital employé que ce qui dépasse le revenu d'un placement modeste et sûr ? Nous estimons que cette éventualité n'a rien de chimérique.

Tel est, Messieurs, l'ensemble de nos prévisions et de nos vœux. Les circonstances décideront s'ils s'accompliront peu à peu ou d'un seul jet, rapidement ou avec lenteur. L'important pour nous est qu'ils soient connus de tous ceux qui s'intéressent à notre Œuvre, qu'ils demeurent dans leur esprit, qu'ils soient communiqués par eux à toutes les autres personnes qui peuvent être gagnées aux mêmes sentiments ; en sorte qu'aucun homme capable avide de se produire, aucune personne riche, cherchant un noble emploi de sa richesse, ne puissent exister sans que le but clair, utile, élevé que nous poursuivons, leur soit signalé et recommandé avec une pleine et ferme conviction.